Einfach!

AF208674

Kunst vom HOf

Ich will ja nicht meckern,
aber es muss
einfach
mal gesagt werden.

Impressum:
Herstellung und Verlag
BoD – Books on Demand,
Norderstedt
ISBN 9 783 757 888 022
Dezember 2023
Copyright an allen Texten und Bildern:
Kunst vom Hof
Hof Mescher, 49593 Bersenbrück
www.kunstvomhof.de
kaha.bsb@t-online.de

Dieses Buch ist auch als E-book erhältlich

FSC
www.fsc.org

MIX
Papier aus verantwortungsvollen Quellen
Paper from responsible sources
FSC® C105338

Wahllose Lyrik

und ein ganz klein wenig Prosa

Band 4

Karin Hartel

in der Hoffnung,
etwas Gutes
geschaffen zu haben.

Vermeintlich

In einem guten Buche
stehen mehr Wahrheiten,
als sein Verfasser
hineinzuschreiben
meinte.

Marie von Ebner-Eschenbach

Bücher füllen

Ich kann Bücher füllen
mit meinen Gedanken,
Worten, Geschichten,
Erlebten, Erdachtem,
Erhofftem, Schrecklichem.

Ich kann mein Leben füllen,
mit Schönem, Gutem,
Erinnerungen, Erlebnissen,
Altem, Neuem,
Leichtem, Schweren.

Ich kann Bücher füllen,
mit Leben.

Ausblick

Wenn der Ausblick,
Einblicke in die Natur zulässt,
ist der Weitblick
gar nicht mehr so wichtig.

„Küchenfensterblick"
Mit Fensterbildern von
Doris Diether, Haßloch

Alltägliches

Im Alltäglichen
das Wunderbare erkennen,
das ist Reichtum.

In Hühnerknochen zum Beispiel

Auswüchse

Gedanken der Herzlichkeit
trage vor Dir her
wie einen Luftballon.

Worte voller Sinn
schicke los
wie ein Rudel Hunde.

Kunst vom HOf

Ein Sommer voller Tatendrang

Alles was er will

Fortsetzung der Geschichte, aus Band 3
„Alles was du willst"

Sie saß im Boot, im schnittigen, weißen
Flitzer, das pfeilschnell über die Wellen der
Adria schoss. Ihr war schlecht. Nicht nur vor
der unendlichen Weite, die vor ihnen,
sondern auch von dem Streit,
der gerade hinter ihnen lag.

Es war um eine Kleinigkeit gegangen,
nämlich um die Kleinheit ihres Bikinis.
Sie würde sich so aufreizend anziehen,
um von den jungen Italienern,
die an der Hafenmauer saßen,
bewundert zu werden.
Sie hatte sich gegen seine Behauptung
gewehrt, obwohl ihr die anerkennenden
Pfiffe der netten Jungs wirklich gefallen
hatten. Frisch verheiratet fühlte sie sich
sicher und behütet, sonst hätte sie sich
nie so sexy in der Öffentlichkeit gezeigt.

Das Missverständnis konnte sie nicht
aufklären, denn er startete den Motor des

gemieteten Bootes in Windeseile. Fast hatte sie den Eindruck, dass er jedem Gespräch ausweichen wollte. Krampfhaft hielt sie sich an der Sitzbank fest, auf der sie Platz genommen hatte.
Die Dame bei der Vermietung hatte darauf hingewiesen, dass es Pflicht war, Schwimmwesten zu tragen.
Doch er hatte ihr keine Zeit gelassen eine der grellgelben Westen anzulegen. Sie war zwar eine gute Schwimmerin, aber das unbekannte Wasser war ihr nicht geheuer.

Die Wellen wurden immer höher, doch er hielt mit unverminderter Geschwindigkeit auf einen bestimmten Punkt am Horizont zu. Wenn er auf diesem Kurs bleiben würde, wären sie bald am westlichsten Punkt von Kroatien. Was wollte er dort?

Ein großes Boot folgte ihnen. Ganz offensichtlich das Gefährt einer Behörde. Wasserschutzpolizei oder Grenzschutz. Wie nannte man das hier in Italien?

Er musste die Geschwindigkeit drosseln und beidrehen.

Und dann verschlug es ihr die Sprache.
In fehlerfreiem Italienisch unterhielt er
sich mit den Beamten.
Sie lachten und er winkte mehrmals ab,
als ob sie sich über Belanglosigkeiten
austauschten.

Er zog zwei Schwimmwesten aus der Kajüte
und warf ihr eine zu. Die andere zog er
selbst an. Dann ging es wieder los, aber in
umgekehrter Richtung, zurück
nach Lido de Jesolo.

Natürlich wollte sie ihn fragen, was dieser
seltsame Ausflug zu bedeuten hatte, aber er
wiegelte ab, befahl ihr zu schweigen. Sie sei
zu dumm um das zu verstehen.
Ihr verschlug es im wahrsten Sinne des
Wortes die Sprache. War das der nette
Mann, den sie geheiratet hatte? Nein! Man
musste ihn während der Trauung
ausgetauscht haben, denn bereits beim
Festessen verhielt er sich seltsam.
Auf die neugierigen Fragen ihrer Tante
Gerda antwortete er nicht, sondern
sagte ihr in barschem Ton, dass es sie
überhaupt nichts anginge, aus

welchem Stall er komme.

Eigentlich wusste sie fast nichts von ihm.
Was sich zu Anfang wie ein aufregendes
Abenteuer angefühlt hatte, wurde jetzt zum
Albtraum. In der Hochzeitsnacht hatten sie
sich nicht geliebt, sondern er hatte sich
genommen, was ihm zustand. Als er
feststellte, dass sie keine Jungfrau mehr
war, hatte er sie verhöhnt.

Mann, in welchem Jahrhundert lebte er
denn, dass er erwartet hatte, dass sie noch
nie eine intime Beziehung gehabt hatte.
Sie war einundzwanzig Jahre alt und
bildhübsch. Das hatte man ihr so oft
gesagt, dass sie es auch selbst
von sich sagte.

Nun war sie mit einem bösen, fremden
Mann in den Flitterwochen, die ihre Eltern
bezahlt hatten. Ein Ferienhaus der
gehobenen Klasse, mit Anlegeplatz für ein
Boot und einer diebstahlsicheren Garage.

Sie liebte Italien, das Essen in den tollen
Lokalen, den Wein, den süffigen, der einen

so schnell beschwipst macht, wenn man
ihn nicht mit Wasser vermischt.

Mit ihren Eltern war sie oft in Venedig
gewesen. Eigentlich hatte sie ihm all die
schönen Ecken zeigen wollen und war stolz
darauf, sogar eine Stammkneipe zu haben.
Eine kleine Osteria, die fast nur von
Einheimischen besucht wurde,
weil sie so versteckt lag.
Von außen gar nicht als Lokal
zu erkennen, sah sie eher
wie eine Werkstatt aus.

Doch er nahm sie nicht ernst.
Egal was sie sagte.
Er wollte den gierigen Italienern kein
Geld in den Rachen werfen und packte
zu ihrem Erstaunen jede Menge haltbarer
Lebensmittel aus dem Kofferraum.
Unter anderem „Ravioli aus der Dose".
Das hatte sie noch nie gegessen.

Sein Vorrat war genau abgestimmt auf
die Anzahl der Tage, die sie im Süden
verbringen würden. Sogar den Rotwein
hatte er dabei und natürlich

deutsches Bier.
Der Brotvorrat war überschaubar,
wegen der Haltbarkeit. So würden
sie wenigstens das frisch einkaufen.
Doch in den ersten Tagen gab es noch
das gute Roggenbrot, das er liebte.

Als das aufgebraucht war, staunte sie nicht
schlecht als er Aldi-Brot-Back-Mischungen
auspackte und ihr die Anleitung vorlas, wie
sie das Brot zu backen habe.

Sie hatte überhaupt noch nie gebacken.
Das tat in der Regel ihre Mutter, wenn
überhaupt. Ihre Mutter kochte gut,
wenn sie Lust hatte, aber
meistens gingen sie essen.
„Man muss sich bei seinen Kunden
sehen lassen.",sagte der Vater, der
Gastrobedarf verkaufte.

Ihr drehte es den Magen um, wenn sie die
Rouladen aus der Blechdose pulte um sie zu
erhitzen. Dazu Nudeln oder Reis, denn
Kartoffeln hatte er keine mitgenommen.
Das Kartoffelpüree von Pfanni, das feine,
schmeckte ihr auch nicht. Sie nahm ab,

er nahm zu, denn er aß ihre Portion einfach auch noch auf. Reste waren in seiner Berechnung nicht vorgesehen.

Im Schockzustand rief sie ihre Eltern an, wollte erzählen, konnte aber nicht, weil er hinter ihr stand und jedem Wort lauschte. Am nächsten Tag fand sie ihren Ausweis und die Scheckkarten nicht mehr und auch ihr Bargeld fehlte.
Sie war ihm ausgeliefert.
Er sagte ihr wo es lang ging.

Du lieber Leser glaubst nicht, dass diese Geschichte echt ist? Doch ich kann Dir bestätigen, dass es sich fast eins zu eins so zugetragen hat und ich die Details aus erster Hand habe. Allerdings, habe ich pikante Details weggelassen um meiner Informantin nicht zu schaden, denn sie ließ sich nach den Flitterwochen nicht scheiden... Fortsetzung im Blog unter www.kunstvomhof.de und dort einfach „Alles was er nicht wollte" anklicken. Wer das Internet nicht nutzt, darf sich den Text gerne per Post oder per Email kaha.bsb@t-online.de bestellen. Das kostet nix. Ja, so was gibt es.

Wer die Freiheit will,

braucht Mut.

Kunst vom HOf

15

Befreiung

Mit einem Klick
mach ich mich frei,
befrei mich aus den Zwängen
die mir das www beschert

Mit einem Klick
schließt sich die Welt, die virtuelle,
die mich ganz eingenommen hat,
für eine gute Stunde

Mit einem Klick
kann ich zurück
in ungeahnte Weiten,
es ist der Finger, dem ich sag,
bleib doch mal im realen Leben.

Berührung

Ganz zart die Hand der Mutter
auf dem Kopf
des Neugeborenen

Nie vergessen,
die neugierige Berührung
mit der heißen Ofenplatte

Noch unvergessener,
die erste Ohrfeige
des Lebens

Samtweich das Maul
der ersten Pferdeliebe
lustiges Kitzeln
durch dessen Barthaare

Gewaltig bewegend,
das erste Bad im Meer
Berührung überall,
innen und außen

Tröstend das Gefühl
beim Streicheln eines Baumes, welches
das bisherige Leben erschüttert

Christenglauben

Aus einem Brief an die
Hinterbliebenen
einer zu früh Verstorbenen:

Wir weinen mit Euch,
obwohl wir nur den Hauch
Eures Leides spüren können.

Wir wollen mitfühlen
und können es nur im Ansatz.

Wir möchten trösten,
doch welche Worte könnten
wir dafür finden?

Wir möchten die Not mildern,
aber welch große Taten
wären dafür notwendig?

Deshalb bitten wir Gott,
dass Er Euch tröstet
und die Wunden heilen lässt.

Das digitale Wartezimmer

Kürzlich saß ich im Wartezimmer meines
Hausarztes. Mir gegenüber ein junges
Ehepaar mit Kleinkind.
Zuerst hielten sie sich an den Händen.
Das war schön anzusehen. Das Gold der
Eheringe glänzte bis zu mir herüber.
Ein leiser, harmonischer Ton kam aus der
Handtasche der jungen Frau. Sie ließ die
Hand ihres Mannes los, griff in die
Handtasche und zauberte ein Handy hervor.
Voller Konzentration las sie die Nachricht,
die sie in der Hand hielt, um dann mit
unglaublicher Geschwindigkeit eine Antwort
zu tippen. Derweil zog ihr Mann sein Handy
aus der Hosentasche, begann offensichtlich
zu suchen, ob er vielleicht etwas
Interessantes verpasst haben könnte.

Das etwa zweijährige Kind wurde unruhig.
Mit dem Fuß stieß die junge Frau die Wippe
an, in der das Kind lag. Praktisch
so ein Plastikding. Doch das Kind beruhigte
sich nicht. Die immer noch Tippende schaute

ihren Mann kurz an. Eine stille Aufforderung, die aber nicht bemerkt wurde, weil er immer noch mit dem kleinen Wundergerät zu Gange war.

Ärgerlich steckte die schwarzhaarige junge Mutter ihr Handy weg, beugte sich zu ihrem Kind um es mit einem Blick zu bedenken, der mir zu denken gab.

Ich bot ihr an, das Kleine für eine Weile auf den Arm zu nehmen. Sie nickte, löste den Sicherheitsgurt, nahm das Kind hoch und drückte es mir in den Arm.
,,Wenn sie wollen." Und wie ich wollte, denn ich liebe Kinder, aber ich liebe auch junge Eltern, die mit so einem Schatz beschenkt werden.

Ja Herr Dr. Prof. Spitzer und nun kommen Sie ins Spiel. Wie gerne hätte ich den Eltern etwas Informatives in die Hand gedrückt. Und der Prof. Gerald Hüther, auch an ihn musste ich denken und was er zu der Situation zu sagen hätte.

Ich wünsche mir von Euch klugen Köpfen,
einen Flyer im Handyformat, etwa 6 Seiten
stark, in dem Infos sind, wie digitale Medien
auf Kinder wirken. Wie sehr Kinder den
Blickkontakt brauchen usw. So viel habe ich
schon von Euch Beiden lernen dürfen.
Aber das Weitergeben des Gelernten
ist nicht einfach.

Der Flyer sollte so schön sein, dass man
ihn einfach in die Hand nehmen will. Nur
positive Aussagen, gute Links und diese
schwarz weißen Dinger, die man mit dem
Handy scannen kann.
Verrückte Idee?
Egal ich habe ständig verrückte Ideen, weil
mich kein Handy ablenkt. Ich habe keines.
Brauche keines. Bin Rentnerin und
Künstlerin, auch Lebenskünstlerin.

Herzliche, erwartungsvolle Grüße
von Karin Hartel
Elektromeisterin i.R.
Schriftstellerin i.W.
Frau, die schöne Bilder macht
www.kunstvomhof.de

Per Email an die beiden Gehirnforscher 13.3.22

Erinnerungen

Es gibt Erinnerungen,
die verrotten nur langsam,
verpesten die Umwelt
und sind für nix gut.

Es gibt aber auch
Erinnerungsstücke,
die lassen uns lachen
und glücklich sein.

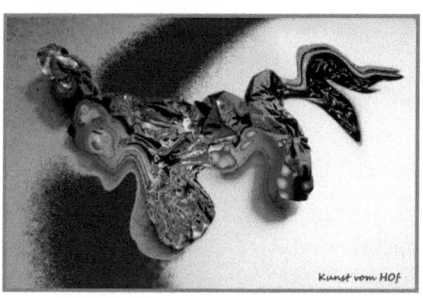

Zum Bild: Es ist ein verschrumpelter Luftballon,
der jahrelang in einer Kiste lag und sich als
Fotomodell anbot.
Erinnerung an Mel, die Ballonkünstlerin

Der alte Stuhl

Ludwig sollte ihn wegwerfen, den Plastikstuhl, der einfach nicht mehr weiß werden wollte. Vom Alter und den Einflüssen der Natur hatte er Schmutz in seinen Narben eingelagert, der sich trotz angestrengtem Scheuern nicht mehr beseitigen ließ.

Zornig packte er ihn ins Auto um ihn zur Deponie zu bringen. Abfall. Vergessen die vielen Jahre in denen er darauf gesessen hatte, die vielen entspannten Stunden, die er darauf erlebt hatte. Jahrelang hatte das billige Kunststoffteil seinen Dienst getan. Sommer und Winter hatte er auf der kleinen Terrasse ausgehalten.

Gnadenlos ausgesetzt der Sommerhitze mit ihren intensiven Sonnenstrahlen, sowie der klirrende Kälte und dem Frost des Winters. Herbststürme hatten ihn hin und wieder weggeweht. Doch nie sehr weit. An der hohen Hecke, die das Grundstück umschloss, spätestens verfing er sich.

Er gehörte einfach dazu, zu Ludwigs Leben.
Er wurde benutzt und oft lange einfach
übersehen, bis der neue Vermieter, der Erbe
des Anwesens, in dem Ludwig schon so lange
Jahre unbehelligt lebte, sich an dem Anblick
des hässlichen Stuhles stieß.
Der Neue, er wollte das Alte nicht mehr, die
Patina der bewohnten Jahre. Schön und
sauber, neu und ansehbar sollte alles sein.

Zuerst entfernte der neue Besitzer die alte
Hecke. Auch sie war nicht mehr schön
genug. Nun war der Blick frei, von der
Straße auf das Haus mit den vier Parteien.

Ludwig wollte keinen Ärger und möglichst
keine Veränderung. Deshalb bemühte er sich,
den Wunsch des Vermieters zu befriedigen,
der sich nach Sauberkeit sehnte.

Den alten Plastikstuhl hatte dieser als
Beispiel genommen für den Müll,
den er sah. Ihn auf das gleiche Niveau
wie die vertrockneten Blumenkästen
auf den Balkonen der anderen Mieter
gestellt. So was müsse weg.

Ludwig widerstrebte es, etwas wegzuwerfen, das seine Funktion noch erfüllt. Also wollte er ihn reinigen, um ihm auf der Terrasse belassen zu können.

Doch es ging nicht. Anmalen ließ sich das Material auch nicht und so packte er ihn voller Zorn in den Kofferraum seines kleinen Autos, dessen Deckel sich nicht mehr schließen ließ.

Bis zur Deponie würde das schon gehen. Er wollte dann weiterfahren in das Gartencenter um sich einen neuen, schönen, sauberen Gartenstuhl zu kaufen. Möglichst aus massivem Holz.

Er kam eine Minute zu spät. Die Deponie hatte gerade geschlossen. Sein Zorn war noch nicht verraucht und so stellte er den Stuhl einfach vor dem Eingang ab. Eine abenteuerlich bunt gewandete Frau sprach ihn an, ob sie den Stuhl haben könne.

„Aber der ist doch alt und hässlich."
Die mittelalte Frau in dem farbenfrohen Kaftan, setzte sich darauf.
Probierte ihn aus.

„Aber man sitzt sehr bequem darauf.
Wieso werfen sie ihn weg?"

Und Ludwig erzählte ihr die Geschichte.
Weil Doris ihm aufmerksam zuhörte, von
Anfang an. Allen Zorn redete er sich von der
Seele, weinte gar, als er von der
unterdrückten Angst befreit erkannte,
dass sein Vermieter – vermutlich – neue,
moderne Mieter wünschte, die sich ohne
schützende Hecke ungeniert den
Vorbeigehenden präsentieren wollten,
wenn sie auf Balkon oder Terrasse
verweilten.
„Aha! Es geht also gar nicht
um den Stuhl?"

„Nein, es geht eher um einen sicheren
Platz für mich, an dem ich nicht
gezwungen werde, Altbewährtes
gegen Neues zu tauschen."

Doris lächelte in sich hinein. Sie kannte
einen Ort an dem das möglich war.

Ludwig reagierte auf das Lächeln
mit einem fragenden Blick.

„Ich nehme ihren alten, lieben Stuhl mit
in unseren Lebensgarten. Dort können
sie ihn besuchen, wenn sie wollen."

Ludwig packte ihr das, immer noch stabile,
massive Plastikstück, ins Auto und steckte
die Visitenkarte ein, die Doris ihm gab.

Entspannt fuhr er zum Gartencenter.
Dort kaufte er einen klappbaren
Holzstuhl, mit Zertifikat.

Den wollte er mitnehmen, wenn er die bunte
Frau besuchen würde. Damit er **sie** auf dem
alten Stuhl bewundern konnte.

Dass sie ihn das Wundern auch auf ganz
anderen Ebenen lehren würde,
wusste er noch nicht.

Geschichte aus dem Roman „Die Fassade",
der schon mehr als dreihundert Seiten umfasst,
aber noch lange nicht fertig ist. Im Blog www.kunstvomhof.de gibt
es so eine Art Fortsetzung , wie sich der alte Stuhl dort einfügt.

Ende der Qual

Du magst mich nicht
das hat mich sehr gequält.

So viele Jahre
hat mich das gequält.

Ich mag dich nicht,
hab es wohl nie getan.

Lass uns getrennte Wege gehen,
das ist das Ende dieser Qual.

Edda in „Die Fassade"
Ein Sommer voller Tatendrang

Frühaufsteher

Fünf Uhr, noch nicht gewesen,
doch bin ich wach.

Der Schlaf hat sich verzogen,
die Träume ausgeträumt.

Der Garten lockt mit Tönen,
die man am Tag nicht hört.

Das Tageslicht noch schwach,
es liegt wohl noch in Träumen.

Der tolle Tag erwacht,
ich kann ihn kaum erwarten

12.5.22 nach der Haßlochtour

Feierabend

nach getaner arbeit.
ausgepresst ich .
reste von mir in die hülle des tages
gelesen .
jeden einzelnen buchstaben meines namens.
zwischenstop ausatmen.
haltestelle .
unter glas wartehäuschen .
noch stehend geknülltes anderes.
milchsonne schrägt durch die engen.
lichtschluchten.
einkaufspassagen.
neonschrille ausverkaufsschreie/
hausaugen spiegeln die hausaugen.
wolken und wünsche dazwischen.
blechmaul auf .
es quillt heraus.
es schluckt in sich rein.
rums. piep. los.
transfer schlange auf silbernen schienen.
der unsere herzschläge zählt.
und was übrig bleibt.
unsere träume am sitzplatz mit blick
aus den fenstern.
vorüberziehendes.
ausstieg.

ich sammele bunt aus der luft.
ein spatzengezwitscher auf meinen lippen.
kicke vom bordstein etwas geknülltes.
und atme ein.

©Amina Anja Amelal 2023

Schönheit braucht keine kaum Farbe.

Kunst vom HOF
Karin Hartel

Geiz macht hässlich,
Ehrgeiz macht krank.

Stimmt meine Überlegung?
Kennst Du jemanden der schön ist, aber geizig?
Kennst Du jemanden,
der ehrgeizig ist, aber gesund.
Gesund an Körper, Geist und Seele,
also vollkommen gesund
und vielleicht sogar fröhlich?

Blogbeitrag im März 2022

Geben

Wer nur von seinem
Überfluss gibt,
muss das richtige Geben
noch lernen.

Stimmt das?

Goldmomente

Es gibt Momente im Leben,
die sind wie Gold.
Sie wiegen schwer
und glänzen in der Sonne.

26.6.22, 26842 Ostrhauderfehn
in Meinhards Wassergarten,
der voller toller Begegnungen war

Mein Garten ist ein Traum,
in dem ich sitzen kann.

Gartenrahmen

Ich gestalte den Rahmen
in meinem Garten
Die Natur füllt mit Leben
jede Nische darin

Ich selbst bin ein Rädchen
im großen Getriebe
Die Natur lässt mich leben
für einen Moment

Der Schöpfer gibt Freiraum
für mein menschliches Denken
Seine Natur ist gemacht
zum Erkennen des Seins

Garten Wunderbar

Mein Garten er hat einen Namen
Ich nenne ihn „Mutter Wunderbar"

Mein Garten gebiert täglich Wunder
und nimmt dankbar
jedes Waisenkind an

Mein Garten gibt Heimat
den zahllosen Wesen
die ihn finden und darin leben

Mein Garten nimmt auf
die kleinen gequälten
gezüchteten Pflänzchen
aus dem Sonderangebot

Glücksverantwortung

Wenn dich jemand für sein Glück
verantwortlich macht,
dann glaube ihm nicht,
wenn er sagt,
dass er glücklich ist.

Wenn du meinst jemand anders
ist für dein Glück verantwortlich,
dann glaube dir nicht,
wenn du unglücklich bist.

Karin Hartel Januar 2023

Gute Angst

Du sagst es mir
so einfach ins Gesicht
in dem die Angst
geschrieben steht.

Du lachst mich an
und machst mir Mut
zu dieser Angst
sagst sie sei gut.

Du sagst zu mir
dass du sie kennst
und sie zu
schätzen weißt.

Du sagst die Angst
sei wunderbar
weil sie zum
Handeln treibt.

Für Raphael Bonelli, Januar 2023

Herzensprüfung

Prüfe dein Herz.
Ist es zu schwach?
Ist es zu weit?
Ist es zu hart?

Prüfe deine Worte.
Sind sie zu hart?
Sind sie zu weit hergeholt?
Sind sie schwächlich?

Aus dem Bildband
Blaue Stunde

Hartherzigkeit

Hartherzigkeit hat nichts Herzliches
Wie eine Kugel, rund und gefährlich
Wie eine Patrone, präzise im Flug
Wie eine Bombe, zerstörerisch

März 2022
Nach dem Hören
einer politischen Rede
über das Kriegsgeschehen
in der Ukraine

Halbwahrheiten

Halb wahr
ist auch gelogen.

Karin Hartel 27.5.22
mit Hochdruck im Blut

Halbwahrzeiten

In der Überfülle der Information
bleibt viel Raum für Halbwahrheiten

In der Zeitunterzuckerung
bleibt kaum Zeit zum Ausloten
von Wahrheitsgehalt

In der Unendlichkeit des Universums
klingt das alles sehr lächerlich

KH, immer noch unter Hochdruck

Klarheit

Klarheit kann man nicht kaufen,
man muss sie gewinnen,
erhoffen, erarbeiten.

Klugheit

Besser als schlau,
ist klug.

„ * ‘‘

Klugheit braucht
eine Basis
aus Wissen.

Kunterbunt

Deine Lieblingsfarbe
war Kunterbunt!

Das Wort ist viele Farben

Schließt alles in sich ein
das Blau des Himmels
das Gelb der Sonne
das Rot der Erde
das Grün der Bäume

Und alle Zwischentöne sind
darin gefangen
für alle Zeit.

Du bist bei mir
auch wenn ich Trauer trage.
Weil Du es wolltest
ist meine Trauerkleidung
b u n t.

Für Isabel Baysöz und ihre Kinder

Schwere Liebe

Es ist schwer dich zu lieben
uneingeschränkt

Es ist schwer dir nah zu sein
ohne Tabu

Es ist schwer dich zu verstehen
einfach und schlicht.

Liebesschmerz

Den Schmerz,
den die Liebe verursacht,
erträgt man mit Hoffnung.

Liebeserklärung

Die Liebeserklärung eines Kindes
ist das schönste und reinste Geschenk,
das wir erhalten können.

Doch Heiratsanträge
sollte man in dem Alter
nicht zu ernst nehmen.

Für Trevor, der mich 1985
heiraten wollte,
als er vier Jahre alt war,

Und auch für Michael H.
der war schon 5, als er mir erklärte,
dass er Maurer wird,
für uns ein Haus bauen wird
und wir 4 Kinder haben werden.
Ich war damals 17 und wirklich hübsch.

Mundtod

Mundtod gemacht
Des Denkens beraubt
In Schubladen gepackt
Abgestempelt
Ablaufdatum erreicht

Nulltag

Null Leistung
Null Stress
Null schlechtes Gewissen
Erfolgreicher Tag

Paradiese schaffen

Glaube und Vertrauen
schafft Paradiese
auch auf dieser Welt.
Vertraue!
Glaube!
Genieße!

Foto: Michael Namislo

Ruhig gestellt

Ruhig gestellt
mit Brot und Spielen
Das Denken verlernt
das schlecht erlernte

Ruhig gestellt
mit Brot und Wein
Das Denken verschoben
in eine andere Welt

Ruhig gestellt
durch beruhigende Worte
von Menschen die denken
ihr Denken sei frei

Ruhig gestellt
durch Medikamente
Rezepte der Angstmacherei
von wegen die Entscheidung sei frei

Januar 2023

Rosige Zukunft

Was mit Liebe
gepflanzt wurde
hat eine rosige
Zukunft.

Januar 2023

Grillplatzrose in Haßloch
Bild auf Acryl, als Gartenstecker
20 x 20 cm

47

Sommerwind

Sanft wiegt er das Korn
im gleißenden Licht
der Sommerwind
der unsere Sehnsucht schürt
nach Urlaub und Meer
und weiter Ferne

Der Sommerwind macht
dass unser Herz lacht
zufrieden ganz einfach daheim

Der Sommerwind treibt uns
zu munterem Spiel
mit Wasser im Garten
und Würstchen am Grill
Der Sommerwind kühlt und belebt
nach der brütenden Hitze

3.7.22
Auch wenn die Wasserspiele
sehr sparsam ausfielen
und das Grillfeuer schwer bewacht wurde

Selbstignoranz

Ich ignoriere mich,
ich ignoriere den Schmerz,
der mich schützen sollte.

Ich ignoriere mein Leben,
so lange es geht
und lebe das Leben der andern.

Ich ignoriere die Möglichkeiten
vergeude meine Gaben,
bis ich verloren bin.

Januar 2023

Schlafgelegenheit

Juttas Pension steht leer. Ihr alternatives Ferienparadies wird einfach nicht gebucht.

Alle bisherigen Werbeanzeigen waren teuer und nicht effektiv. Wenn das so weiter geht muss sie ihren Betrieb bald abmelden und wieder arbeiten gehen. Dann waren drei Jahre Arbeit vergebens und ihre Altersversorgung in den Wind geblasen, beziehungsweise in die Tiny- und Baumhäuser gesteckt.

Müde und voller trüber Gedanken setzt sie sich mit einem Glas Rotwein vor den Fernseher. Nachrichten. Fluglotsenstreik. Alle Hotels um den Flughafen herum sind ausgebucht. Kein freies Bett in Sicht. Der Reporter zeigt die verzweifelten Passagiere.

Da ist der gut aussehende Manager auf der Durchreise, der ganz offensichtlich übermüdet ist, weil er sich in der Menge nicht entspannen kann.

Da ist die junge Frau, die auf dem Weg ins Abenteuer ausgebremst wird. Der Rucksack ist fast größer als sie selbst. Sie will in die Einsamkeit. All die Menschen machen sie verrückt sagt sie. *Der Konsum ist doch irre*, hält sie dem Journalisten vor, als ob er für alles verantwortlich ist.

Da ist der alleinerziehende Vater, der mit seinem Wochenendsohn einen Tauchurlaub auf den Malediven verbringen wollte.

Da ist die depressiv wirkende Frau, die ungeschminkt in die Kamera blickt und kaum Worte für ihre Verzweiflung findet.

Sie wollte nach Kreta um
sich selbst zu finden.

Jutta hat fünf Menschen ins Gesicht
geblickt. Die Enttäuschung des
Wochenendkindes hat sie am
heftigsten gepackt.

All diese Leute wollen reisen, sind
verhindert, hängen fest, wollen
wenigstens ein Hotelbett um sich
auszuschlafen. Klar ist, dass es noch
mindestens achtundvierzig Stunden
dauern wird, bis die nächste
Maschine startet.

Keiner von ihnen kann oder will zurück
nach hause fahren. Sie warten,
sind verzweifelt.

Gebannt hört Jutta die Interviews.
Immer aufrechter sitzt sie auf ihrem
Sofa. Die Idee kommt wie eine
Sturzgeburt. Der Griff zum

Bullischlüssel erfolgt unkontrolliert,
die Handtasche greift sie noch und
während der Nachrichtensprecher zu
einem anderen Thema übergeht, ist
die Frau schon ganz aus
ihrem Häuschen.

Die Fahrt zum Flughafen dauert
eine gute Stunde, weil heute mal kein
Stau ist. Kein normaler Mensch fährt
jetzt zum Flughafen.
Dort herrscht Ausnahmezustand.
Also wagt sie sich direkt vor dem
Haupteingang zu parken.

Sie sucht und findet die Passagiere, die
sie im Interview sah, spricht sie an und
bietet ihnen eine Übernachtungs-
möglichkeit in ihrer Pension an.

Alle nehmen dankbar an.
Mit dem ganzen Gepäck
wird es zwar eng im Siebensitzer,
aber es geht.

Die Fahrtzeit lockert sie etwas auf, indem sie jedem eine Flasche Wasser in die Hand drückt und Nüsse anbietet. Eben das, was sie gerade zufällig im Auto hat.

Sie erzählt ihnen was sie zum Abendessen erwartet: Grillwürstchen und frisch gebackenes Brot.

Den Teig den sie gestern als Wochenration für sich bereitet hat ist backfertig und so wird sie nicht enttäuschen. Die Grillwürstchen in ihrem Gefrierschrank sind schon lange abgelaufen, doch das wird man nicht schmecken, wenn sie diese ein ganz klein wenig länger, als notwendig auf dem Grill liegen lassen wird.

Ich bin Vegetarierin sagt die Australienreisende, wie erwartet.
Für *Dich habe ich genug im*

Gemüsegarten. Du hast die Qual der Wahl.

Das begeistert die junge Frau und sie fragt nach, was zu ernten ist. Kann ihr Glück kaum fassen, als Jutta von Kartoffeln, jungen Maiskolben, Erbsen, Tomaten und jeder Menge Kräuter berichtet.

Der Junge mischt sich ins Gespräch ein. *Hast du auch Möhren? Ich liebe Möhren. Mama sagt sie machen schlau.* Der Wochenendvater beißt sich auf die Zunge, bleibt aber still. Jutta sieht sein verkrampftes Gesicht im Rückspiegel. *Möhren machen mit Sicherheit nicht schlau, sonst hätten meine Kaninchen schon alle einen Doktortitel.*

Alle lachen, der Vater entspannt sich. So ist die Behauptung seiner Ex entkräftet und sogar ein wenig lächerlich gemacht.

Der Junge fragt nun nach den Kaninchen.

Welche Tiere hast Du noch?
Ein Pferd, ein Pony, ein Esel, zwei Ziegen, drei Schafe, zwölf Fische, ... Weiter kommt sie nicht. Der Junge unterbricht aufgeregt: **Fische?**

Kann man bei dir tauchen? Klar kann man bei Jutta auch tauchen. Daran hatte sie nie gedacht, aber ihre zahmen Kois werden ihre helle Freude haben, wenn sie mal neue Menschen vor die runden Augen bekommen.

Die Depressive fragt vorsichtig:
Darf man das Pferd reiten? Ich habe seit Jahren nicht mehr auf einem Pferd gesessen.

Klar, sie können morgens ins Dorf reiten und beim Bäcker Brötchen holen. Den Weg zeigt ihnen Lisa.

Lisa?
*Ja, mein Pferdchen heißt Lisa und sie
liebt es, Menschen durch die Gegend
zu tragen, weil sie dann frei ist.*

Die ehemalige Reiterin wundert sich:
**Das habe ich in den Reitställen, die ich
kenne anders erlebt. Die Pferde dort
wollten lieber auf die Weide als in die
Reithalle.**

*Die Lisa ist ja den ganzen Tag auf der
Weide und wenn ich es recht überlege
auch nachts. Sie geht nur selten in ihren
Offenstall. Jeder Ausflug macht ihr
Spaß, sie liebt Menschen und deshalb
läuft sie am liebsten ins Dorf. Weil die
Bäckerin sie immer mit trockenem Brot
füttert, geht sie dort stets zuerst hin.*

Der Manager scheint gelangweilt
zu sein von den Erzählungen.
Ich dachte sie haben eine Pension, aber

***das hört sich, wie Urlaub auf dem
Bauernhof an.***

Oh ha denkt Jutta. Es war wohl
doch ein Fehler ihn einzuladen.
Er wird das Profi-Tiny-Haus beziehen.
Das am Rand stehende, perfekte
Häuschen, mit Dusche
und Internetzugang.

Hoffentlich ist der Regenwassertank
voll genug. Er wird bestimmt zuerst
duschen, da würde sie einen
Hunderter drauf wetten.

Und dann wird er das Restaurant
suchen, das er bestimmt erwartet.

Was kann sie ihm bieten?
Ob Toast Hawai noch angesagt ist?
Egal. Jetzt ist er ihr ausgeliefert und
sie ihm, denn sie braucht nicht nur das

Geld für die Übernachtung. Wichtiger ist es, dass jeder Gast für sie Werbung macht und neue Gäste bringt.
Das Letzte was sie brauchen kann ist schlechte Presse.

Endlich taucht im Scheinwerferlicht ihr Anwesen auf. Man sieht nur Bäume. Zielsicher fährt sie zwischen ihnen hindurch direkt auf das perfekt aussehende kleine Haus zu.

Oh, das ist aber niedlich
Aber passen wir da alle rein?

Jutta lacht. **Nein, dass ist ein Ein-Mann-Haus.** Sie stoppt und zeigt dem Manager den Weg. Der staunt zwar über die Kleinheit des Hauses ist aber zufrieden, als er einen Blick in die Dusche geworfen hat. Auch den Schreibtisch hat er sofort im Blick.

Zufall, dass Juttas Laptop dort noch steht, denn das ist der einzige Internetzugang in ihrem Gelände. Schnell nimmt sie ihr Gerät an sich. Deutet auf die Flasche Rotwein, stellt ihm ein frisches Glas dazu und verabschiedet sich.

Ich bringe ihnen in 30 Minuten einen Imbiss.

Jutta gibt ihm keine Zeit für eine persönliche Bestellung. So muss er nehmen was sie ihm bringt.

Ihre Rechnung geht auf. Er duscht, stöpselt seinen Laptop ein und beginnt zu arbeiten.
Schnell sind die anderen Gäste in den kleinen, selbstgebauten Häuschen untergebracht.
Die Depressive neben dem Pferdestall.

Die Abenteuersuchende neben der Feuerstelle, Vater und Sohn am schönen Wasser.

Während der Manager seine weltweiten Geschäfte abwickelt, sitzen alle anderen um das Lagerfeuer. Würstchen auf den Haselnussstöcken, während das Brot schon aus dem Backhaus duftet.

Der Abend scheint perfekt, als der Richard-Geer-Mann vom Geruch der Bratwürste angelockt, den Weg zu ihnen findet.
Er hat seine Termine verschoben, alles geregelt was in der Luft hing und freut sich auf das bequeme Bett und die ländliche Nachtruhe.
Und bald kehrt wirklich Ruhe ein, denn alle sind erschöpft.

Kaffeeduft weht bis ins Freie.
Alle, außer der gar nicht mehr
Depressiven, schlafen noch.
Bevor Jutta das Frühstück vorbereitet,
hat sie Lisa gesattelt, die ehemalige
Reiterin mit zwei Einkaufstaschen
darauf gesetzt und das
Weidetor geöffnet.

Der schwache Protest, dass Lisa doch
gar keine richtige Trense auf hätte,
hat Jutta lachend abgewehrt.
Die Lisa kennt nur ihr Stallhalfter.
Du kannst sie damit im Notfall lenken.
Doch vertrau ihr,
sie macht alles richtig.
Ein Klaps auf den Pferdehintern und
Reiterin mit Tier verschwinden im
leichten Morgennebel.
Den langen Gartentisch deckt sie
liebevoll. Vorsichtshalber packt sie
schon ein Megatablett für den

Manager, falls ihm das
Gartenfrühstück zu rustikal ist.

Sie ist gerade fertig, als der
Hufschlag von Lisa zu hören ist.
Im lustigen Trab trägt das brave Pferd
die fremde Frau zurück
zur Waldpension.

Das Frühstück ist wunderbar. Der
Manager arbeitet entspannt, hat das
Frühstück nickend angenommen,
die Größe und Schwere des
Tabletts gar nicht beachtet.

Während er auf seinen Bildschirm
starrt, bestellt er: Kaffee schwarz,
Croissant ohne Butter.
Wortlos stellt Jutta ihm alles griffbereit
hin, legt noch eine der duftenden
Mandelstangen dazu um dann
schnellstmöglich wieder zu
den lustigen Gästen zu kommen.

Alle haben wunderbar geschlafen.
Das Radio wird eingeschaltet um die
Morgennachrichten zu hören.

Ja, auf dem Flughafen ist immer
noch die Hölle los. Alle sind froh
hier zu sein.

Tag 1 verläuft harmonisch.

Die wiedererweckte Pferdefrau
verbringt den ganzen Tag
mit Pferd und Pony.

Vater und Sohn schnorcheln im
Gartenteich und angeln am nahen
Fluss ein paar Fische zum Mittagessen.

Die Australienliebhaberin geht mit
Jutta in den Wald. Brennholz für das
nächste Lagerfeuer sammeln.
Jutta zeigt ihr die Trampelpfade,
erklärt die Wildkräuter und ganz
nebenbei verknotet sie die

Holzbündel, damit sie bequem geschultert werden können.

Der Jäger grüßt vom Ansitz und kommt herunter. Er ist jung und etwas aufgeregt als er die exotisch aussehende Touristin kennenlernt.

Jutta: *Jens, könntest Du uns ein Wildschwein schießen?*
Jens: *Klar, ich muss nur in den Hochwald. Dort hat die Rotte schon genug Schaden angerichtet.*

Angie wirft zaghaft ein, dass es doch unmenschlich sei, einfach ein Tier zu erschießen. Jens erklärt ihr mit wenigen und klaren Worten, wie groß der Schaden ist, den die Schweine in Feld und Flur anrichten.
Eine gute Lektion für die abenteuerlustige Weltenbummler.

Jutta trägt ihr Brennholz alleine nach hause. Angie geht mit dem Jäger auf die Pirsch, lernt mehr über Ureinwohner als sie sich erträumte, denn Jens war ein ganzes Jahr in Australien. Ausführlich berichtet er ihr, welche Tiere dort auf den Grill kommen und wie die mit relativ primitiven Waffen erlegt werden.

Aus Höflichkeit hätte sie dort schon das ein oder andere unbekannte Tier essen müssen um die Gastfreundschaft der Ureinwohner zu erwidern.
Wie schmerzlos das Sterben durch einen Präzisionsschuss aus seinem Gewehr ist, führt er ihr vor und zum ersten mal im Leben sieht sie es, das würdige Sterben eines Tieres, das zum Verzehr bestimmt ist.

Das Ausweiden nimmt ihr fast den
Atem, aber die Achtung mit der Jens
seine Beute behandelt, beeindruckt sie
stark. Dass ein Jäger ein Dankgebet
spricht, hätte sie nie gedacht. In dem
Moment hat Jens etwas von einem
Ureinwohner.
Sie stellt sich vor, wie er aussehen
würde, in Felle gehüllt und muss
lachen. Er weiß nicht warum sie lacht,
aber er lacht einfach mit.

Abend 2
Wieder alle am Lagerfeuer,
auch der Manager.
Jutta legt ihre Karten auf den Tisch.
Erzählt von ihrer Not, keine Gäste für
ihre Waldpension zu finden.

Das lässt sich ändern, sagt der
Manager und hat da so eine Idee.
Er zückt sein Handy und macht

ein nettes Video vom Lagerfeuer.

Nochmal soll Jutta berichten,
was die Besonderheit ihrer
Pension ausmacht.
Auf keinen Fall soll sie erwähnen, dass
sie Gäste sucht, sondern zweimal
darauf hinweisen, dass die
Warteliste täglich länger wird.

Aber das ist doch gelogen.
*Wieso? Schreib doch mal
eine Liste auf was du wartest. Mit
Sicherheit wird sie jeden Tag länger.*
Ja, so kann man es auch ausdrücken.
 Alle lachen und spielen mit. Lassen
sich interviewen. Was sie von ihrem
Urlaub auf dem Land erwarten.

Noch in dieser Nacht postet der
Manager die Beiträge auf
verschiedenen Plattformen.

Der Blog für Jutta ist schnell
eingerichtet und geht
sofort ans Netz.

Zum nächsten Frühstück meldet der
Profi bereits mehr als tausend Klicks.
Die ersten Anfragen treffen ein, als der
Manager seinen Koffer packt und zum
Flughafen gefahren wird.
Alle anderen bleiben erst mal hier.
Helfen mit und haben viel,
ganz viel Spaß.

Diese Geschichte sollte ein Drehbuch werden,
deshalb, der abgehackte Schreibstil.

Sucht

Sucht nach Leben
echtem Leben
unwissend
was das sein könnte

Sucht nach Liebe
echter Liebe
unfähig
selbst zu lieben

Sucht nach Erlösung
von dem Bösen
der bekannten
Qual

Sehnsucht

Sehnsucht nach Freiheit
Verheerend das Nichtwissen
wo sie zu finden ist

Sehnsucht nach Freiheit
Unabhängig vom Glück
dem unerreichbaren

Sehnsucht nach Freiheit
Gewalttätig in ihrer Bereitschaft
das Ziel zu erreichen

Suche nach Erfüllung

Suchend nach Erfüllung
süchtig nach Erfolg
zu schwach
ihn zu erreichen

Süchtig nach der Suche
erfüllend die Prophezeiung
„Aus dir wir nie etwas!"

Neugeboren werden
ja das wäre was
das wäre ein Chance
das wäre Neubeginn

Tagwerk

Das Tagwerk ist getan
noch vor dem Morgengrauen
auch so kann Tag beginnen

Traumurlaub

Sie stehen an der Reling
genießen das Meer
in dessen Wellen
schon lange der Krieg tobt

Ein Krieg ums Sattwerden
ums Überleben
im Maul der Fische
auch unser Plastikmüll

Urlaub
stressfrei und kostenlos
durch stimmungsvolle Musik

Ich lausche der Stimme von Alan Jackson.
Countrymusik, die mich nach
Kalifornien entführt.
1985 auf einem wunderbaren Morganhorse
sitzend reite ich mit Nancy, Jaimy und Judy
durch einen Wald voller riesiger Bäume.
Redwoods, von denen mir schon meine Oma
erzählte. Sie war eine kleine Frau, die sich in
den 1960er Jahren alleine auf eine
abenteuerliche Reise in die USA begab.

Ich bin nicht alleine in der sagenhaften
Wildnis. Mit mir sind drei Frauen auf dem
Weg nach Point Raise, westlich von San
Francisco. Wir brauchen unterwegs keine
Musik und auch abends am Lagerfeuer sind
es nur unsere Stimmen und die Geräusche
der Natur, die uns berauschen.

Als ich im Schlafsack liege, den mir ein echter
Indianer geliehen hat, höre ich durch die

Zeltwand das Schnauben der Pferde. Ein Scharren macht mich neugierig. Im Dunkeln taste ich nach meiner kleinen Kamera, pirsche mich vorsichtig an die Eingangsluke. Das Scharren ist so laut geworden, dass ich keine Angst habe, den Reißverschluss zu öffnen. Und dann gelingt mir der Schnappschuss, weil ich die Kamera einfach in Richtung der Geräuschquelle halte und abdrücke. Waschbären hatten sich an unseren Vorräten zu schaffen gemacht.

Der Blueberrypie, der für den letzten Abend aufgehoben werden sollte, war jetzt angefressen, doch nicht komplett verloren. Wir aßen das, was uns die kleinen, frechen Tiere übrig gelassen hatten zum Frühstück, bevor wir zu unserem letzten Ritt aufbrachen, der mir noch schlimme Schmerzen bereiten sollte, aber davon berichte ich ein andermal.

9.4.22 in der warmen Schreibstube sitzend, der Musik lauschend, während vor dem Fenster Graupelschauer vom Abendlicht vertrieben werden.

Karin und Woody 1985
Und wenn ich es nicht erlebt hätte, würde ich
denken, ich hätte es geträumt.

Vertrauen

ist ein Gottesgeschenk.
Unbezahlbares Geschenk.

KH für Uta Schiffer, meine
„Hörnerbiene" auf facebook

Vollmondmorgen

Er scheint hinein
in mein kleines Zimmer
der volle Mond
macht diesen
Wintermorgen hell

Er lockt mich
in den hellen Garten
der volle Mond
mit seinem Schein

Er verzaubert
Wald und Acker
der volle Mond
bescheint den Weg

Urlaub am Meer

Zu dieser Jahreszeit an die Ostsee! Er war ja bekloppt. Sie hatte sich so auf einen kleinen Malleurlaub gefreut, doch ihr Mann hatte andere Pläne.

„Ich komme nicht mit, das kannst du vergessen. Ich fliege nach Mallorca, auch ohne dich. Vermutlich habe ich ohne dich sowieso viel mehr Spaß."

Er schwieg und buchte für sich die Hütte an der See. Ein modernes Tinyhouse ohne Luxus, aber mit Sauna.

Sie tobte und buchte ihre Woche Malle.

Es regnete als er ankam. Bis er sein Gepäck vom Auto ins wirklich sehr kleine Haus getragen hatte, war er nass bis auf die Knochen, wie man so sagt. Nur mit Mühe konnte er den Holzofen in der Sauna anfeuern, der die einzige Heizmöglichkeit in der Behausung war.

Wie gelähmt sackte er auf den Stuhl am Fenster, vor dem sich ein bleigraues Meer erstreckte. Der Wind peitschte die Wellen hoch, ließ die Gischt weiß aufleuchten.

Es dauerte lange, bis er sich aus seinen Klamotten schälte um sich auf die Holzbank, in der inzwischen gut temperierten Sauna zu legen. Das schummrige Licht, das wohlriechende Fichtenholz und die angenehme Wärme machten ihn schläfrig.

Als er wieder wach wurde, fühlte er sich wie ein Brathähnchen. Der Kopf drohte ihm zu zerspringen. Das mit dem doppelten Whisky, vor dem Saunagang, hätte er wohl lassen sollen.

So wie er war, vollkommen nackt, lief er aus dem Ferienhäuschen Richtung Wasser, überlegte nicht lange, beziehungsweise überhaupt nicht, und stürzte sich kopfüber in das eiskalte Nass.

Schlagartig war er nüchtern.
So nüchtern, wie noch nie in seinem Leben.

Er war allein. Sie war im Süden
und mit Sicherheit nicht alleine.

Was sollte das alles?
Für was?
Für wen rackerte er sich tagtäglich ab?
Wem wollte er, was beweisen?

Im Moment war sein Leben reduziert,
auf Kälte und Wärme,
auf Nässe und Trockenheit,
auf Hunger und Durst.

Dass er Hunger hatte, merkte er erst, als er
sich abgetrocknet hatte und durch einen
kurzen Aufenthalt in der Sauna wieder auf
Normaltemperatur war.

Er reckte sich, zog sich trockene Kleider an
und wanderte in die Richtung, in der er die
nächste Gaststätte vermutete. Doch da kam
nichts. Es gab einfach nichts, außer Wind und
Wellen, Strand und Natur. Hunger, er dachte
an nichts mehr, außer an leckeres Essen.
Und dann roch er es:

Würziger Geruch von geräuchertem Fisch...

Es wurde ein toller Urlaub, obwohl –
beziehungsweise weil es jeden Tag regnete,
ohne Pause, ohne jeden Sonnenstrahl...

Rettung in Sicht!
Durchhalten!
Auf Kurs bleiben!

Karin Hartel, Dangast 2014

Wertvollste Zeit

Wertvollste Zeit
sinnlos vertan
einfach gewartet
auf eine bessere Zeit

Wertvollste Zeit
sinnlos verweilt
einfach geschwommen
mit dem Strom der Zeit

Wertvollste Zeit
ganz achtsam genutzt
erhöht ihren Wert
ergötzt ihren Nutzer
und hebt seinen Wert

Die Zeit, sie fliegt

Die Zeit sie fliegt,
ich fliege mit,
setz mich auf ihre Schwingen,
des tags bemüht um Eleganz
des nachts ganz kühn und wild.

Die Zeit sie fliegt,
ein echter Überflieger,
hält niemals an

ich kann sie niemals stoppen,
doch ich kann ihr entfliehen,
indem sie mir egal ist.
Nur der Augenblick zählt.

Zeitraffer

Er rafft die Zeit
und rennt und rennt
wird schneller als der Schall

Er rafft die Zeit
und spart und spart
spart seine Lebenszeit zu Ende

Zeitgaffer

Er schaut zur Uhr
die Zeit, sie läuft
verschwindet
in der Unendlichkeit

Er schaut zur Uhr
sein Ende naht
erscheint
erschreckend nah

Angst vor der Zukunft

Waldbrand,
verheerende Stadthitze
Wassermangel,
verdreckte Meere
Abendnachrichten,
zerstören Nachtruhe

Angst vor der Zukunft?
Was wir sehen
ist Vergangenheit,
war gestern,
ist heute Erinnerung.

Gelebter Augenblick!
Ich lebe,
ich liebe,
ich atme,
bin da,
kann hoffend beten
zur Höheren Macht.

Inhaltsverzeichnis

Coverbild: Birgit I.Hartl
www.wirretante.de

Heike Avsar, Autorin Berlin, darf als
wichtigste Mutmacherin für dies
Büchlein nicht vergessen werden
Malerin Hanne Ox und Gartenfee
Maria Hilfer, auch nicht.

Danke

Danke sagen
Dank fühlen
dankend segnen
Dankbarkeit
als Grundeinstellung
gegenüber
Gott,
der Dreieinigkeit,
meinen Schutzengeln,
meinen Menschen,
der Natur,
dem Garten,
den Lehrern,
auch den ungeliebten.
Dank zelebrieren
wie ein Gebet,
täglich,
stündlich,
mit jedem Atemzug.